MIS PRIMEROS LIBROS DE ANIMALES

LAS RANAS DE ÁRBOL

por Natalie Deniston

TABLA DE CONTENIDO

tadpole en español

PALABRAS A SABER

árbol

bultos

labio

manchas

ojos

raya

LAS RANAS DE ÁRBOL

Este es un árbol.

¡Hay ranas en él!

bulto

Esta rana tiene bultos.

ojo

Esta rana tiene ojos rojos.

Esta rana tiene un labio blanco.

Esta rana tiene una raya negra.

mancha

Esta rana tiene manchas amarillas.

¡REPASEMOS!

Todas las ranas de árbol pueden treparse a los árboles. Muchas viven dentro de los árboles. ¿Qué otros animales viven dentro de los árboles?

ÍNDICE